AF226379

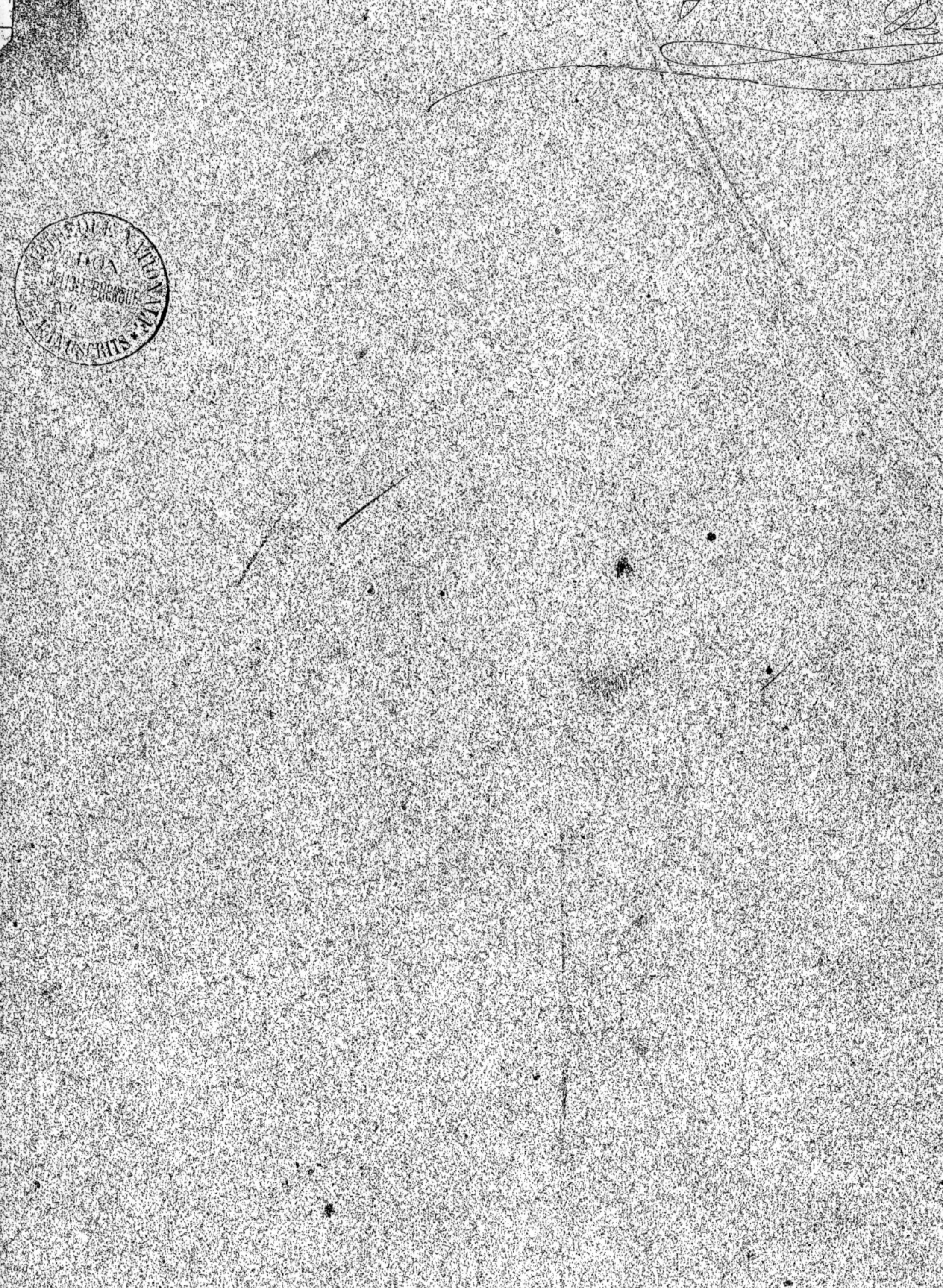

MÉMOIRE

SUR

LES RELATIONS DE LA RÉPUBLIQUE DE GÊNES

AVEC LE ROYAUME CHRÉTIEN DE LA PETITE-ARMÉNIE

PENDANT LES XIII ET XIV SIÈCLES

PAR

VICTOR LANGLOIS

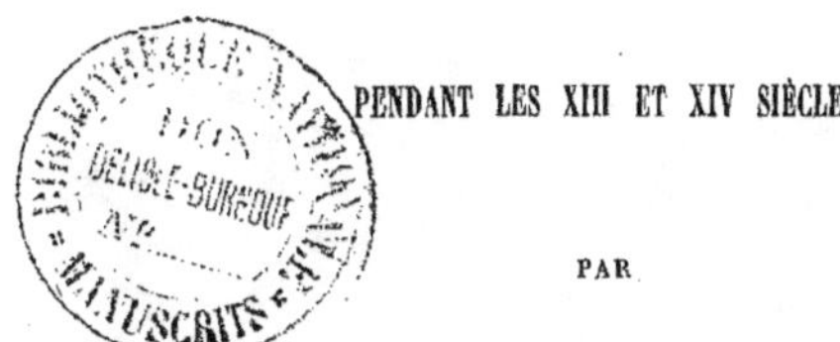

ASSOCIÉ-CORRESPONDANT DE L'ACADÉMIE ROYALE DES SCIENCES, CHEVALIER DE L'ORDRE ROYAL

DES SAINTS MAURICE ET LAZARE

TURIN

DE L'IMPRIMERIE ROYALE

1861.

Memorie della Reale Accademia delle Scienze di Torino
SERIE II.   TOM. XIX.

Deux siècles à peine s'étaient écoulés, depuis les tristes présages qui, sous des formes si différentes, avaient annoncé aux Chrétiens de l'Occident la fin prochaine du monde (1), quand, aux ferventes prières inspirées par la terreur, succéda bientôt un ardent désir d'arracher la Terre-Sainte des mains des infidèles.

Jérusalem, plongée dans la servitude, avait retrouvé la dure oppression des anciens jours et subissait le joug odieux de nouveaux persécuteurs. Captive sous le glaive et suppliante du sein de sa misère, Jérusalem appelait à grands cris des libérateurs. Bientôt, des armées Chrétiennes, venues des lointains pays de l'Occident, se rendirent à cet appel et parurent aux pieds des collines de la cité profanée :

> Ecco apparir Gerusalem si vede,
> Ecco additar Gerusalem si scorge,
> Ecco da mille voci unitamente,
> Gerusalemme salutar si sente (2).

---

(1) J. de Varagine *Chron. Januens.* Ch. II. — Conrad Lycosthènes, *de Prodig.*, pag. 226 et suiv.
(2) T. Tasso : *Gerusal. lib.* III, oct. 3.

A quelque temps de là, toute la Syrie était conquise; et les Franks victorieux dominaient dans les contrées, où, mille ans auparavant, le Christ avait révélé aux hommes sa divine existence.

A la suite des guerriers venus de l'Occident, les républiques maritimes de l'Italie avaient, sous l'étendard des Croisades, étendu en Asie leur domination ambitieuse. Dès les premiers succès des Franks en Syrie, Pise, Gênes et Venise avaient envoyé leurs vaisseaux en Orient, autant pour prendre une part directe à la délivrance des Lieux-Saints, que dans le but d'accroître leur industrie et d'augmenter leurs relations commerciales. Grâce aux services que les navigateurs, partis de ces trois villes, avaient rendus aux Croisés, elles s'étaient fait concéder par les princes latins de la Syrie, des églises, des quartiers et ensuite des portions de villes et d'importants territoires qu'elles possédaient à titre souverain (1). Les Génois entre autres, avaient des comptoirs libres à Jérusalem, à Joppé et Césarée. Disposant de trésors immenses, au moyen desquels les marchands de la métropole armaient d'innombrables vaisseaux et se livraient à un commerce très-lucratif, la république de Gênes acquit bientôt une influence énorme en Syrie, et mit les Croisés dans l'obligation d'avoir recours à elle pour les transports d'outre-mer. Les bénéfices que Gênes retirait de ces services, rendus à la Chrétienté, étaient d'autant plus profitables à ses intérêts, qu'elle pouvait ménager ses hommes et ses finances, sans cesse au service de la puissante marine, qui transportait ses marchandises et protégeait le commerce de ses nationaux (2).

Durant plusieurs siècles, les Génois eurent avec la Syrie des relations très-suivies; l'industrie et le commerce de la république y prirent de rapides développements, et il est probable que, sans les revers des Croisés, ces deux sources de prospérité auraient été plus abondantes encore, quand des rivalités qui éclatèrent entre les républiques d'Italie, dès la sixième Croisade, ralentirent sensiblement les voyages d'outre-mer et les relations commerciales entre Gênes et la Syrie. Tous les chroniqueurs ont raconté en détail ces guerres désastreuses, causées par d'implacables jalousies et les résultats fâcheux que ces luttes sanglantes produisirent au moment même où Venise et Gênes étaient si florissantes. A partir de ce moment, les navires génois

---

(1) Muratori: *Antiq. Ital.* T. II. col. 919.

(2) Guill. de Tyr, *Hist.* I. XII. 22. XXII. 27 — Dom Brial, disc. prélim. du 19.ᵉ Volume des Histor. de la France, pag. 38.

ne fréquentèrent que fort rarement les rivages de la Syrie, et les marchands
ne portèrent qu'un intérêt affaibli à leurs entrepôts d'outre-mer, car les
alternatives d'une fortune si lointaine convenaient moins à leur commerce et ne servaient plus qu'indirectement les intérêts de la politique
de la métropole.

Nous étudierons dans ce travail, une des phases les plus intéressantes
des relations de Gênes avec l'Orient, nous voulons parler des rapports commerciaux que les marchands de cette république fameuse entretinrent pendant deux siècles avec le royaume de la Petite-Arménie. Les sources où nous
avons puisé les renseignements contenus dans ce Mémoire sont malheu-
reusement très-peu nombreuses, et se réduisent à quelques chartes et
documents, conservés dans les archives de Turin et de Gênes. Sans doute,
ces renseignements sont insuffisants, si l'on considère que, depuis l'année
1200 jusque vers le milieu du xiv.ème siècle, les Génois entretinrent des
relations avec les Arméniens; mais l'intérêt qui s'attache à chacune des
pièces qui nous sont parvenues, est si grand, que l'importance du sujet
supplée heureusement au peu d'abondance de la matière.

§ I.

Les priviléges ou capitulations, accordés aux peuples navigateurs de
l'Occident, se divisent en deux catégories: les uns accordés aux nations
les plus favorisées, celles qui possédaient des établissements permanents
dans le royaume d'Arménie et s'y livraient à un commerce régulier et
suivi, comme les Génois et les Vénitiens; les autres octroyés aux marchands des pays qui n'entretenaient avec les Arméniens que des relations
temporaires ou bornées à certaines opérations, comme les Pisans, les
Catalans, les Provençaux et les Siciliens.

Les Génois et les Vénitiens, dont le commerce était très-actif et très-
étendu dans la Petite-Arménie, et qui y possédaient à la fois des comptoirs,
des magasins, des boutiques, des églises et autres propriétés foncières,
avaient avec les Arméniens des rapports continuels qu'il fallut réglementer.
C'est ce qui fait, que dès les premières années du xiii.ème siècle, les rois
d'Arménie commencèrent à octroyer aux sujets des deux grandes républiques maritimes de l'Italie des priviléges fort étendus.

Ces priviléges, qui avaient pour objet, non-seulement les tarifs des
douanes, mais encore les dispositions du droit civil ou pénal, applicable

dans certains cas particuliers en conformité ou en dérogation avec la loi arménienne, nous offrent le modèle des plus anciennes capitulations, qui aient régi les Européens en Orient.

Tous ces traités semblent avoir été rédigés d'après une formule en usage dans la chancellerie arménienne, et à l'exception de celui de 1288, concédé aux Génois, et celui de 1333, accordé aux Vénitiens, les stipulations qui y sont énoncées peuvent être ramenées à cinq chefs principaux qui sont :

1.° Les tarifs des douanes et autres droits commerciaux perçus sur les marchandises étrangères ;

2.° Les dispositions relatives au droit de bris et aux naufrages ;

3.° Celles qui concernent les dispositions testamentaires ou *ab intestat*;

4.° Les procès civils ou criminels ;

5.° L'état des personnes.

Nous étudierons en détail chacune de ces dispositions dans la suite de ce Mémoire.

Ce fut à partir des premières années du XIII.ᵉᵐᵉ siècle, que les Génois, qui avaient déjà des établissements en Syrie, entrèrent en relations suivies avec les Arméniens, devenus maîtres de la Cilicie (1). Les documents diplomatiques nous montrent clairement, qu'ils furent aussi les premiers à solliciter et à obtenir des priviléges dans ce royaume (2), et les chroniqueurs du moyen-âge qui, à de rares intervalles, ont parlé des relations commerciales des peuples de l'Italie avec l'Orient, constatent aussi ce fait. On sait qu'à l'époque, où les premières négociations furent entamées entre Gênes et l'Arménie, le royaume de Sis venait de se fonder. Léon II, descendant de Roupën, chef de la dynastie qui régna pendant trois siècles dans les montagnes du Taurus et les plaines de la Cilicie, avait reçu des mains de l'Empereur d'Allemagne et avec le consentement du Saint-Siége, la couronne royale (3). Aussitôt après son sacre, Léon comprit que l'appui des Croisés lui était indispensable, pour asseoir sa domination, d'une manière plus sûre, dans le pays que ses pères avaient conquis sur les

---

(1) Uberto Foglietta, *Hist. Genov.* liv. III. pag. 104. — Ogerius Panis, *Ann. Gen.* dans Muratori, *Scr. rer. Ital.* T, VI. pag. 384.

(2) Privil. de Léon II aux Génois dans les *Hist. patr. monumenta*, liber Iurium, T. I. n.° 461.

(3) Michel le Syrien, *Chronique ms.* en arménien, ms. de la Bibl. Impériale ; anc. fonds arm. n.° 90. — Le connét. Sempad, *Chron. Arm.* — Guiragos de Gandzag, *Hist. d'Arm. ms.* — Tchamitch, *Hist. d'Arm.* en arm., T. III. pag. 166. — Baluze, *Lettres d'Innocent III*, liv. II. pag. 482. — Raynaldi, *Ann. Eccles.* an. 1199, n.° 65.

Grecs de Byzance, et voulant doter son royaume d'une organisation en harmonie avec les institutions des Franks de Syrie, ses voisins et ses alliés, il adopta le système féodal, que les Croisés avaient introduit dans la Syrie et en Chypre (1). Une fois que Léon eut résolu le difficile problème qui consistait à assimiler son royaume aux états chrétiens, nouvellement fondés en Asie, il voulut cimenter les liens qui l'unissaient déjà aux princes de Syrie, en appelant dans ses états les étrangers, venus de l'Occident, pour commercer en Orient. Usant en cela d'une politique habile, le roi d'Arménie étendit aux étrangers les avantages qu'il avait déjà faits à ses sujets, et fit des règlements pour faciliter les échanges commerciaux, développer l'industrie, et encourager les Occidentaux qui viendraient se fixer dans son royaume. Certainement, le moyen était sûr; aussi vit-on en fort peu de temps, accourir de toutes les parties de l'Europe, mais principalement de l'Italie, une foule de marchands qui, séduits par les avantages que leur faisait le roi Léon, vinrent s'établir en Cilicie. Quand le nombre de ces étrangers se fut accru, Gênes, qui avait fourni un contingent notable de marchands à l'Arménie, envoya une flotte et un amiral à Lajazzo, point principal du royaume des Roupéniens, afin de négocier un traité avec le roi de Sis (2). La république demandait, que la protection que l'on accordait aux étrangers, et principalement aux Génois, fût garantie, et que le droit de commercer, qui n'avait été jusqu'alors qu'une simple tolérance, fût érigé en principe; enfin que dans un acte officiel, revêtu de la signature du roi et scellé de son sceau, on arrêtât les conventions, qui devaient assurer les droits de chacun.

Ceci se passait en l'année 1200. Le roi d'Arménie consentit à ce que la république demandait, et un traité de paix fut d'abord signé entre Léon II et Nicolas Doria, amiral génois, chargé par la république de négocier, en son nom, et d'arrêter les bases sur lesquelles devaient être établies les capitulations : plusieurs chroniqueurs nous ont conservé le souvenir de cette négociation, entre autres Uberto Foglietta (3) et Ogerius Panis (4). Le privilége de 1201 fut la conséquence du traité précédent.

---

(1) *Lettre de S. Nersès à Léon II*, dans les œuvres du patr. Grég. Degha, en arménien (Venise, 1838), pag. 203, 281. — Sempad, *Chron.* — Reinaud, *Extr. des hist. arab. des Croisades*, pag. 625. — Chartes de priviléges de Léon II aux hospitaliers, dans Paoli, *Cod. dipl.* T. I et II, passim.

(2) Uberto Foglietta et Ogerio Panis, *op. et loc. cit.*

(3) *Hist. Gen.*, III. pag. 104.

(4) *Ann. Gen.*, dans Muratori, *Script. rer. Ital.*, T. VI. pag. 384.

Le gouvernement génois envoya en Arménie Baudoin de Rogerio, avec mission de discuter les clauses des capitulations, dont la chancellerie de Sis avait remis le projet à l'amiral Nicolas Doria. Baudoin accomplit son voyage la même année et rapporta le privilége, rédigé en langue arménienne et dont la traduction fut immédiatement entreprise et collationnée ensuite par Atto Placentius, notaire du sacré palais, et d'après l'ordre de Jacques de Balduino, podestat de Gênes (1).

Quatorze ans plus tard, les Génois, dont l'influence avait grandi en Arménie, et qui prétendaient avoir des priviléges plus étendus dans le pays, demandaient des franchises nouvelles. Arrigo (Ugo) Ferrari, vicomte de Gênes, fut envoyé à Sis, avec une ambassade, chargée d'obtenir du roi Léon des concessions d'autant plus larges, que Venise, de son côté, en avait réclamé de nouvelles. Un second chrysobulle fut rédigé immédiatement, et le 15 mars 1215, il était déjà parvenu à Gênes, où il fut traduit en latin par les soins de Nicolas de Porta, et collationné par Atto Placentius (2).

La république savait habilement profiter de la bonne volonté que Léon II montrait à son égard. Depuis longtemps, la principauté d'Antioche, dont la possession était disputée par le comte Raimond de Tripoli et par Raimond Roupën, neveu du roi d'Arménie, avait ouvert ses ports aux Génois. Ceux-ci profitèrent de l'influence que Léon II avait sur son neveu Roupën, pour demander des priviléges au jeune prince qui était parvenu, après bien des vicissitudes, à rentrer dans sa capitale. Léon II se prêta à cette négociation et, par ses soins et en sa présence, un traité fut signé, et des priviléges étendus furent accordés, en février 1216, aux Génois (3).

Il ne paraît pas que les capitulations données par Léon II, aient été modifiées en faveur des Génois, sous le règne de son successeur Héthoum I, mari de sa fille Zabel (Isabeau); tout ce qu'il est permis de conjecturer, c'est qu'elles purent être confirmées sans changement, puisqu'aucun acte de renouvellement ne nous est parvenu, du règne dont il s'agit. Sous Léon III, successeur d'Héthoum, les Génois sollicitèrent de nouveaux priviléges. En 1288, Benoît Zakaria vint en Arménie et demanda un renouvellement de priviléges, en faveur de ses compatriotes. Il semble que Gênes s'attachait principalement à la question des tarifs et des douanes,

---

(1) *Lib. Iurium*, T. 1. n.° 461 dans les *Hist. patr. monumenta.*
(2) *Lib. Iurium*, T. I. n.° 514.
(3) *Lib. Iurium*, T. I. n.° 516.

dans la conclusion de ce traité; car, il n'est question, dans le contenu
de l'acte, que de la fixation des droits d'entrée et de sortie des marchandises (1).

On peut croire que ce diplôme, tel qu'il nous est parvenu, n'était
qu'un projet, dont la rédaction devait être soumise, au préalable, au gouvernement génois, car il diffère essentiellement, pour le contenu, des
autres priviléges, accordés par les rois d'Arménie, soit aux Génois, soit
aux Vénitiens. Ce qui prouve en effet que l'acte, dont il s'agit, n'était
qu'un projet, auquel on n'avait pas encore mis la dernière main, c'est
que l'année suivante Benoît Zakaria revint une seconde fois à Sis, porteur
de nouvelles instructions de son gouvernement, et demanda qu'on ajoutât
d'autres clauses au traité. Mais Léon III venait de mourir, et Héthoum II,
son fils, était monté sur le trône. Caffaro (2), qui nous donne l'analyse
des réclamations de Benoît Zakaria, ne nous dit pas, s'il obtint du nou-
veau roi ce qu'il demandait, et tout nous porte à croire que les compli-
cations politiques, qui signalèrent les règnes de Héthoum II et de ses
frères, ne permirent pas aux rois d'Arménie de s'occuper avec autant de
zèle des affaires de la république génoise. En effet, dès les dernières
années du xiii.ème siècle, Gênes ne sollicita plus de priviléges et se contenta
de profiter des avantages qu'elle avait obtenus précédemment. Depuis le
diplôme de 1288, on ne trouve plus de priviléges, en faveur de Gênes,
et cependant Pegolotti, qui écrivait vers le milieu du xiv.ème siècle (3), dit
positivement, que sous Léon V, les Génois étaient exempts de droits en
Arménie, ce qui prouve que sous le règne de ce prince, ou même déjà
sous celui d'Ochin, son prédécesseur, la douane arménienne avait affranchi
les marchands de Gênes des droits qu'ils avaient acquittés précédemment.

Nous avons tout lieu de croire que les Génois reçurent à cette occasion un chrysobulle, puisque les Vénitiens et les Siciliens en avaient
déjà obtenus (4), mais ce document, s'il existe toutefois, a échappé à
nos recherches.

D'après ce que nous venons d'exposer, les priviléges accordés aux
Génois par les rois d'Arménie sont au nombre de trois, à savoir: les

---

(1) Notices et extr. des. mss. T. XI. pag. 97.

(2) *Ann. Gen.*, liv. X. col. 596, du T. VI, des *Rer. ital. script.* de Muratori. — Canale, *Storia di Genova*, T. IV. fasc. III. pag 361.

(3) *Pratica della mercatura* dans la *Decima* de Pagnini, T. III. ch. XI. pag. 44-48.

(4) Archives de Venise, Patti, III. f.° 49. — Pasmaveb, 1847, pag. 92-94.

diplômes ou chrysobulles de Léon II, datés des années 1201 et 1215, et le projet de privilége de 1288, délivré par Léon III, à Benoît Zakaria, et auquel la république de Gênes voulait adjoindre les clauses mentionnées dans Caffaro, et qui avaient été omises dans le projet primitif.

Nous allons maintenant passer en revue les différentes questions contenues dans le texte des priviléges accordés aux Génois, et nous ferons observer, tout d'abord, qu'elles sont identiques, quant au fond, à celles qui sont relatées dans les diplômes accordés aux Vénitiens (1). Les sujets des deux républiques étaient donc placés dans une situation analogue, les uns par rapport aux autres, vis-à-vis des Arméniens.

Dans les deux chrysobulles de 1201 et 1215, il est d'abord stipulé que les Génois auront le droit de circuler dans le royaume, d'entrer dans les ports et d'en sortir, de vendre et d'acheter, sans payer de droits. Mais, comme dans le premier acte, il n'avait point été question des défilés, qui se trouvaient dans les domaines des barons feudataires du royaume, où des péages particuliers étaient établis, il est dit expressément, dans l'acte de 1215, que les Génois auront à se conformer aux usages, en acquittant les droits de passage, sur les terres du baron Othon de Tibériade, d'Adam, seigneur de Gastim, de Vahran, seigneur de Gorigos, de Léon, seigneur de Gaban, au passage du fleuve Djihan (Pyramus), à moins cependant que ces différents fiefs ne fassent retour à la couronne, auquel cas, le roi s'engage à se désister des droits de passage, en faveur des Génois seulement. Ce ne fut que beaucoup plus tard (1289), que les Génois demandaient l'abolition des droits, que les douanes royales exigeaient au sortir des frontières, pour les marchandises que les sujets de la république transportaient dans les états musulmans, voisins de l'Arménie, comme par exemple, sur les terres du sultan de Konieh et des émirs turkomans de la Cappadoce.

Dans l'acte de 1215, Léon II accorde aux Génois, dans toute l'étendue de son royaume, une protection spéciale pour leurs personnes et leurs biens, et se désiste seulement en leur faveur du droit de bris, qui pesait sur tous les navires, dont les épaves venaient échouer sur le littoral de ses états.

Le même acte stipule également, que les différends qui viendraient à surgir entre des Génois, seraient jugés par un tribunal génois et que

---

(1) Archives de Venise, *Patti* I. 167., II. 6. 41., III. 48. 49, et *Commémor.* I. 115.

les difficultés survenues entre des Génois et des étrangers à leur commune, seraient jugés par la Haute Cour du roi (*regalis curia*).

Il est dit ensuite, dans le même acte, que si un Génois venait à être dépouillé par un malfaiteur, le roi lui ferait rendre ses biens ou la marchandise volée, sans exiger les droits qui, sous le nom de droits de recherche (*tzerca*), devaient être perçus, dans cette circonstance, par les officiers du fisc.

En accordant aux Génois un tribunal, pour juger leurs différends, le roi, dans un second chrysobulle, s'était cependant réservé le droit de juger, dans sa Haute Cour, les cas de vol et de meurtre, qui n'avaient pas été réservés dans le premier acte.

Les dispositions relatives aux droits de succession, n'apparaissent que dans l'acte de 1288. Il y est dit que si un Génois meurt *ab intestat*, ses biens seront remis aux Génois, et que si un Génois, ayant contracté mariage avec une Arménienne et possédant des biens personnels, vient à mourir *ab intestat* ou sans héritiers, ses biens appartiendront à la république, et les possessions, qui lui viennent du chef de sa femme, feront retour à la couronne.

Quoiqu'il soit dit expressément, que les Génois étaient exempts de droits à l'entrée et à la sortie des marchandises et que ce fait soit confirmé par Pegolotti (1), il paraît cependant que cette formule ne devait pas être prise à la lettre. Ainsi, il est évident que les Génois acquittaient certains droits de douane, lesquels sont amplement spécifiés dans l'acte de 1288. On ne s'expliquerait pas cette contradiction, si l'on n'admettait en principe qu'il y avait en Arménie deux sortes de droits: les droits fixes et les droits proportionnels ou droits *ad valorem*. Les premiers étaient ceux que devaient acquitter, sans exception, les peuples qui n'avaient pas reçu de la puissance souveraine l'entière franchise des douanes, et qui pouvaient s'élever depuis un jusqu'à quatre pour cent; tandis que les seconds étaient obligatoires, pour tous les peuples, dans la même proportion.

Le commerce des Génois s'effectuait dans toutes les villes principales de la Cilicie, tandis que celui des Vénitiens avait son siége principal à Lajazzo. Les Génois avaient, dès l'époque de leur premier traité avec les

---

(1) *Pratica della mercatura*, § 3, du chap. intitulé *Armenia*.

Arméniens, en 1201, sollicité la possession de maisons et de terrains, qu'ils possédaient en toute propriété. Le chrysobulle de Léon II stipulait que les Génois auraient la faculté de bâtir, dans la ville de Sis, une église, un fondouc (1), un tribunal et des maisons, sur un terrain que le roi concéda à la république. Quelques années plus tard, Léon, en renouvelant les priviléges précédemment accordés aux Génois, leur accorda à perpétuité une rue (vicus) dans la ville de Tarse, un terrain pour y bâtir une église, construire des bains, un four, et faire un jardin. Le privilége de 1288 ne mentionne aucune concession territoriale, et ce n'est que l'année suivante, que Benoît Zakaria sollicita la cession d'un fondouc. Il paraît certain que les Génois possédaient d'immenses propriétés dans tout le royaume de Sis; leur nom y était tellement répandu et respecté, que, de nos jours encore, les gens du pays donnent à toutes les constructions militaires élevées dans le pays au moyen-âge, sans exception, l'appellation générique de *Djénovis kalessi*, ou *Djénovis fabrica* (chateaux ou constructions génoises). Cette puissance des Génois en Arménie est, du reste, attestée par les écrivains nationaux et étrangers. Le moine Ayton (Héthoum, prince de Gorigos) affirme que de son temps, à la fin du XIII.ème siècle, Gênes tenait tête à Venise dans le pays, et que si la concurrence était égale chez les deux peuples marchands, le commerce des Génois était plus étendu en Arménie que celui des Vénitiens. Aussi Gênes attachait-elle une grande importance au commerce de la Cilicie et apportait-elle tous ses soins à entretenir de bonnes relations avec la cour de Sis. Ce furent en effet des ambassadeurs génois qui furent chargés par Jean XXII, en 1320, d'intervenir dans la querelle des rois de Chypre et d'Arménie (2).

Cependant, la bonne harmonie qui sembla toujours exister entre Gênes et l'Arménie, faillit être troublée en 1268, par suite d'un incident imprévu. Luchetto de Grimaldi, amiral génois, ayant eu, à Gorigos, une difficulté avec le patron d'une galère, chargée de marchandises destinées à des traficants arméniens, syriens et autres, s'empara de vive force de la galère et des richesses qu'elle renfermait. Les marchands dépouillés portèrent plainte contre Luchetto de Grimaldi devant la Haute Cour du roi qui, en raison de l'acte d'hostilité qui lui était dénoncé, rompit toute relation avec Gênes, jusqu'au jour où il aurait reçu pleine et entière satisfaction.

---

(1) Le mot *fondouc* veut dire Caravanseraï; c'est le mot grec πανδοχεῖον, légèrement altéré par les Arabes.

(2) Raynaldi, *Ann. Eccl.*, T. V. pag. 149, *anno* 1320. n.° 47.

Le gouvernement de la république apprenant ces événements, et prévoyant que s'il entrait en guerre avec le roi d'Arménie, le commerce génois perdrait tous ses avantages, et que Venise profiterait de la situation pour augmenter son influence en Cilicie, s'empressa de députer un commissaire, muni de pleins pouvoirs, qui débarqua à Lajazzo, pour arranger l'affaire, et désintéresser les marchands. Jacques Pallavicino, c'était le nom du commissaire génois, se mit directement en rapport avec les officiers du roi et les marchands dépouillés, indemnisa ces derniers, en tira quittance notariée, et rétablit les rapports d'amitié et de commerce qui unissaient précédemment Gênes et l'Arménie.

Les pièces relatives à cet événement, qui faillit ruiner le commerce et l'influence des Génois en Arménie, sont aux Archives de la Cour à Turin (1), et se composent de quatre documents, à savoir: 1.° 22 octobre 1268 : la transaction entre les marchands dépouillés et la république de Gênes; 2.° 3 octobre 1270 : la procuration donnée à J. Pallavicino par la république; 3.° 6 octobre 1271 : la quittance des marchands remise à J. Pallavicino; et 4.° enfin, 7 octobre 1271 : la déclaration de J. Pallavicino qui certifie avoir désintéressé les plaignants.

Mais si l'Arménie avait conclu aussi facilement un arrangement avec la république de Gênes, il ne faudrait pas croire que, lorsqu'il s'agissait de querelles entre cette dernière et Venise, les choses se passaient de la sorte. Elles sont nombreuses, les guerres sanglantes, que la jalousie alluma entre les deux cités marchandes, et l'histoire a enregistré, maintes fois, les récits de ces combats terribles, livrés par les deux flottes ennemies, avec un acharnement qui ne trouve son excuse que dans la barbarie du temps. Le seigneur de Gorigos, Héthoum, plus connu sous le nom de Ayton, celui-là même qui a écrit, en français, une histoire des Tartares que Falcon traduisit en latin, raconte dans un petit ouvrage qu'il composa en arménien (2), que les Génois et les Vénitiens étaient en rivalité constante, dans la Cilicie, et qu'en l'année 1293 « une dispute étant survenue entre les équipages des deux flottes ancrées à Lajazzo, il y eut un combat naval des plus sanglants. Douze galères génoises combattirent contre trente-deux galères ou tarich vénitiennes, et leur prirent vingt-quatre navires. »

____

(1) *Genova, Materie politiche, trattati, concessioni, ecc.*

(2) *Tables chronolog.* à la suite de l'édit. armén. de l'*Hist. des Tartares*, trad. par J. B. Aucher, pag. 77-86.

Nous avons vu précédemment que la cause des rivalités entre Gênes et Venise venait de la question du commerce. Voyons maintenant en quoi consistait le commerce et l'industrie des Génois dans la Cilicie. Dans l'origine de leurs relations avec les Arméniens, les Génois, de même que les Vénitiens, apportaient les marchandises de l'Occident en échange de celles de l'Orient. Mais comme Venise avait, pour ainsi dire, absorbé toute cette branche de commerce, en fournissant à des prix inférieurs ses marchandises, Gênes se bornait à certains articles dont la liste est rapportée dans le traité de 1288. Grâce aux propriétés qu'ils avaient à Sis et à Tarse et à d'autres localités, les Génois s'étaient livrés de bonne heure à la culture de la vigne, de l'olivier, du mûrier, et cette industrie leur rapportait d'immenses bénéfices. Les pièces diplomatiques nous apprennent en effet que dès les premières années de leur établissement en Cilicie, les Génois avaient d'immenses propriétés dans le pays, et qu'ils étaient nombreux dans le royaume. Nous avons déjà fait remarquer qu'ils avaient d'importants établissements à Sis et à Tarse, et nous savons encore qu'à Mopsueste, à Lajazzo et à Gorigos, ils faisaient un grand commerce de détail. Ce commerce était même si florissant, que les traficants génois avaient jugé nécessaire de se réunir dans un intérêt commun, à certains jours de l'année, dans une loge ou bourse qui était établie à Lajazzo. C'était là, que se traitaient les affaires commerciales et que les transactions s'effectuaient. Cependant, quoique Lajazzo fût la grande ville marchande de l'Arménie, l'*Emporium* du commerce avec le Levant, les Génois avaient coutume de venir aborder, assez souvent, dans un port moins fréquenté du littoral arménien, qui portait même leur nom, *Portus Januensis* (1), et qui était situé à l'embouchure d'une rivière, tombant dans le golfe de Satalie. Si les Génois avaient choisi cette rade pour aborder avec leurs navires, c'était surtout dans le but de s'affranchir des douanes d'Arménie, et de faire pénétrer leurs marchandises directement dans les pays musulmans de l'Asie mineure, avec lesquels ils entretenaient aussi des relations.

Depuis la chute du royaume d'Arménie, ou pour mieux dire, dès la seconde moitié du xiv.ème siècle, le commerce des étrangers en Cilicie était en partie anéanti. Les invasions successives des musulmans avaient depuis longtemps ruiné le pays, et les Génois, dès le règne d'Ochin, ne retiraient

---

(1) Sanuto, *Secreta fid. Crucis*, liv. II. p. IV. ch. 26. pag. 89.

plus d'avantages sérieux de leur commerce, en Asie mineure. Villani, qui
constate ce fait, dit que le commerce des Italiens en Syrie, avait perdu,
dès les premières années du xivème siècle, tous ses avantages.

Nous avons déjà eu l'occasion de remarquer que, dans les priviléges
accordés par les rois d'Arménie aux Génois, il était dit que les différends
entre Génois, étaient jugés par un tribunal composé d'hommes de leur
nation. Plus tard, la république avait envoyé dans le pays, pour admi-
nistrer ses nationaux, des baïles ou consuls. Les baïles génois ne paraissent
être entrés en fonction, en Arménie, que longtemps déjà après l'instal-
lation des baïles vénitiens. Ainsi, ce ne fut qu'en 1271, que les Génois
eurent un fondé de pouvoirs en Arménie, Jacques Pallavicino. En 1279,
Leone de Negro, le remplaça, avec le titre de baïle (1). En 1288, le
consul génois jouissait de grands priviléges dans le pays; il avait des
assesseurs, *boni viri*, ou prud'hommes, *probi viri*, et un huissier, *ba-
stonarius*. Les pouvoirs du consul s'étendaient sur tous ses nationaux et
il était compétent pour juger toutes les questions, sauf les cas de meurtre
ou de larcin. C'était lui qui traitait les affaires de ses nationaux, avec
les officiers du roi, et qui faisait exécuter les clauses des traités.

§ II.

Les diplômes et pièces relatives aux rapports de la république de
Gênes avec le royaume d'Arménie, sont conservés, ainsi que nous l'avons
déjà dit, dans les archives de la Sardaigne, placées sous l'habile direction
de M.^r le commandeur M. A. Castelli. Ces différents actes méritent, pour
la plupart, une mention spéciale, aussi avons-nous cru utile de les exa-
miner chacun en particulier. Nous étudierons d'abord les chrysobulles ou
priviléges, et ensuite les actes relatifs aux contestations survenues entre les
Génois et les Arméniens, au sujet du pillage de la galère, devant Gorigos.

Chrysobulle de 1201, donné à Sis en mars par Léon II (Archives de
Gênes; *liber Iurium*, T. I. f.° 231; publié dans les *Notices et extr. des
manuscrits*, T. XI. pag. 19, par S. de Sacy; dans les *Historiae patriae
monumenta, liber Iurium*, T. I. col. 468. n.° 461; rapporté dans *le*

---

(1) S. Nicolita, *ms. de la bibl. du roi à Turin*, pag. 35.

Memorie sopra il comm. dei Genovesi, du P. Semino Nicolita; ms. de la bibl. du roi à Turin; pag. 33).

Léon prend dans cet acte le titre de *rex Armeniorum, filius Stephani et de potenti genere Rupinorum,* élevé à la dignité royale par l'Empire et le S.ᵗ-Siége, et décrète, du consentement de sa Haute Cour, *assensu curiae regalis* :

1.° La faculté d'aller et de venir par tout le royaume, de vendre et d'acheter, d'entrer et de sortir des ports ;

2.° L'abolition des droits de douane (abolition des droits *ad valorem*);

3.° L'abolition du droit de bris ;

4.° La concession de terrains à Sis, à Mopsueste et à Tarse, pour y construire des fondoucs, des maisons et des églises, etc. ;

5.° La création de tribunaux dans les villes susmentionnées;

6.° La protection pour les Génois, et l'abolition du droit de recherche, sur les marchandises dérobées.

Cet acte signé en cinabre de la main du roi, en grec et en arménien: λεο, *thakavor haïotz,* – Léon roi des Arméniens, – fut rédigé par le chanchelier du royaume Jean, archevêque de Sis, abbé de Trazarg, *trium arcuum abbas,* lequel fut plus tard patriarche sous le nom de Jean VII, *Medzaparo,* ou le Magnifique; acte scellé d'un sceau d'or.

Chrysobulle de 1215, donné à Sis en mars (Archives de Turin, *Genova, materie politiche,* 3.° *mazzo.* – Archives de Gênes, *lib. Iur.* T. I. f.° 74 v.° – publié dans les *Hist. patr. monumenta, lib. Iur.* T. I. col. 574. n.° 514 – rapporté par S. Nicolita, loc. cit. pag. 35).

Léon s'intitule, dans cet acte, *rex Armeniae,* et décrète :

1.° Le renouvellement des priviléges et la création d'un tribunal génois pour juger toutes les affaires, sauf les cas de vol et de meurtre;

2.° La faculté de circuler par tout le royaume et d'y faire librement le commerce, sans acquitter de droits, sauf toutefois dans les localités dépendant de ses barons et sur lesquelles le roi n'a aucun droit, tant qu'elles seront tenues en fief. L'acte mentionne les baronnies d'Othon de Tibériade, vassal de la principauté d'Antioche et feudataire du royaume d'Arménie; d'Adam de Gastim, fief situé aux limites de la principauté d'Antioche et du royaume d'Arménie, que Léon II avait enlevé aux templiers; de Vahran, maréchal du royaume, seigneur de Gorigos (*Corc*), château fort situé au bord de la mer entre Selefké et Lamas; de Léon de Gaban (*Cabban*), forteresse du Taurus, où Léon VI de Lusignan fut fait prisonnier par les Egyptiens en 1375;

3.º La concession d'une rue (*vicus*) à Tarse avec la faculté d'y faire toutes sortes de constructions.

Cette charte, signée en cinabre et scellée d'un sceau d'or, fut remise aux Génois.

Privilége de 1288, donné le 23 décembre par Léon III (Archives de Gênes, *lib. Iurium*, T. I. f.º 234. – Archives de Turin, *Genova, materie politiche.* – publié par S.ᵗ-Martin dans les *Notices et extr. des mss.*, T. XI. pag. 97); par les Mékhitaristes de S.ᵗ-Lazare de Venise, in 4.º; dans les *Hist. pat. monumenta, lib. Iurium.*

Cette pièce, dont l'original en arménien est conservé aux Archives de Turin, signé de la main de Léon III, a été traduite en latin par les chanceliers génois, et est rapportée en cette langue dans les copies du *liber Iurium.* Léon III s'intitule *roi de tous les Arméniens,* et déclare:

1.º Que les droits proportionnels sont et demeurent abolis en faveur des Génois, mais que les droits fixes sont fixés d'après un tarif que l'acte développe;

2.º Que le droit de visite des bagages est aboli;

3.º Que le consul (*kountz*) génois, devra vérifier la nationalité de ses nationaux, et la faire justifier devant les officiers du roi;

4.º Que les biens des Génois morts *ab intestat,* seront remis à ses nationaux;

5.º Que les droits du défilé de Gouglag (*Kulek-Boghaz*) seront fixés d'une manière définitive, et selon qu'il est dit dans l'acte;

6.º *En corollaire*; que les biens d'un Génois, provenant du chef de sa femme arménienne, reviendront à la couronne, s'il meurt *ab intestat* ou sans héritiers.

Le texte latin porte, en outre, une note qui est la signification faite de cet acte à Ochin, *proximos,* c'est-à-dire trésorier du roi, et aux barons Pagouran et Pierre (Bedroïs) capitaine du port de Lajazzo, chambellan et scribe. Le roi a signé en arménien: *Levon thakavor haïotz* - Léon roi des Arméniens.

Demande de priviléges faite à Héthoum II, par les Génois en 1289. (Caffaro, *Annales génoises,* liv. X, dans Muratori, *Rer. ital. scr.* T. VI. col. 596).

1.º Cession d'un fondouc;

2.º Abolition des droits de transports des marchandises des Génois, du royaume d'Arménie en pays musulman (*Turchia*).

3

Pièces relatives au pillage de la galère devant Gorigos; 1268-1271.

Transaction (22 oct. 1268) légalisée à Gênes, des marchands lésés devant Gorigos et parmi lesquels figurent des Syriens, sujets du prince de Tyr, du Khan des Tartares, du patriarche et du prince d'Antioche, des sujets du roi d'Arménie, qui renoncent par leurs mandataires à exercer tout recours ultérieur contre Gênes, qui s'engage à leur payer une somme de 14,900 livres génoises, dès que la présente transaction sera ratifiée par les princes, dont les intéressés dépendent. Parmi ces intéressés figurent:

Esbolez, fils de *Boliezer,* de Damas, sujet du seigneur de Tyr.

Musauc, musulman, d'Acre.

Salib, d'Acre.

Aziz, fils d'*Adalab* (Abdallah).

Jane Jesan (seu de Insula); lisez Djezaïr, d'Acre.

Belfeck, fils de *Selem,* sujet du Khan des Tartares.

Felek de Oreci, d'Acre.

Salomon Cazim, d'Acre.

Salomon, fils de *Rasin,* de Damas, habitant à Acre.

Bogaleb, fils de *Belfeck,* de Damas, sujet du seigneur de Tyr.

Monsor Ermenian, sujet du roi de Sis, habitant de Lajazzo.

Vasak, Vahran, Barsom, Michel Macherot, David et *Joseph, Aziz* et *Musaut,* d'Aïas, hommes du roi de Sis.

Jean Barsom, homme du patriarche d'Antioche.

Tous ces noms, en partie dénaturés, laissent cependant deviner leur origine musulmane, juive et chrétienne (Arch. de Turin. *Genova, mat. polit. mazzo* 2.°– publié par Mas-Latrie, *Hist. de Chypre,* docum. T. I. pag. 74).

Procuration du 3 octobre 1270, à Jacques Pallavicino, pour fixer avec les Arméniens les indemnités à payer aux marchands dépouillés lors du pillage de la galère (Bibl. du roi à Turin; S. Nicolita, *op. cit.* pag. 37).

Quittance des marchands, du 6 octobre 1271, qui reconnaissent avoir reçu satisfaction des Génois (Archives de Turin, *l. cit. mazzo* 2.°– publié par Mas-Latrie, *l. cit.* pag. 78; par S. Nicolita, pag. 38; et rapporté par Canale, *Storia civile dei Genovesi,* T. II. partie VI, ch. 16. pag. 732).

Les marchands lésés se nomment dans cet acte, et les appellations offrent aussi de curieuses particularités:

Anna Xembs Gavem.

Rolez Felaa; ce mot est l'arabe *fellah,* paysan.

Aziz.

Bolfet.

Saliba; en arabe Saly-bey.

Manzor.

Vasag.

Daud; en arabe Daoud, David.

Barsoma, Vahram, Phatios, Michaïl Mathias, Jusef altus bochet, Nichifor, Stéphan Aachim; tous Syriens et Arméniens.

Soliman Benerazim, Abd el Aziz, musulmans.

Cet acte fut rédigé à Lajazzo, devant la cour du roi, seconde cour du royaume (*curia ducalis et baïlia regis*).

Déclaration du 7 octobre 1271, de J. Pallavicino, qui certifie avoir pleinement satisfait les marchands dépouillés devant Gorigos (Archives de de Turin, *Genova, Exp. orig., mazzo* 5.°; cité par Canale, *op. cit.*, T. II. fasc. VI. pag. 731).

Cet acte fut rédigé, *in logia Januensi*, dans la bourse des Génois, à Lajazzo.

Tels sont en résumé les renseignements contenus dans les pièces concernant les relations de Gênes avec l'Arménie. On voit que Gênes, tout en se livrant à un commerce assez étendu avec la Cilicie, ne regardait pas cependant cette contrée comme le principal *Emporium* de l'Orient et qu'elle dirigea surtout ses flottes marchandes dans la mer Noire, où elle domina si longtemps, et détrôna dans les ports du Pont Euxin la puissance vénitienne, en fondant des comptoirs et même des villes, qui conservent encore à présent le souvenir du séjour des Génois et de l'éclat que leur présence jeta sur ces contrées jadis florissantes.

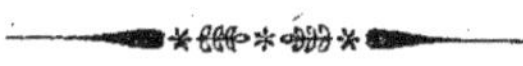